MI PULGAR VERDE

por Maxine Effenson Chuck
illustrado por Mary GrandPré

 HOUGHTON MIFFLIN   BOSTON

Mi papá es agricultor. Y ahora, yo también
lo soy. Ésta es la historia de cómo sucedió.

Un día estaba ayudando a mi papá en el
huerto. De repente empezó a llover. Sentí algo
raro en el dedo pulgar. Miré hacia abajo y vi...
¡que estaba verde!

Cuando dejó de llover, ayudé a mi papá a
arreglar una planta de tomates. En un instante,
los tomates se volvieron grandes como almohadas.

—¿Qué pasa? —le pregunté a mi papá.

—Yo creo que esos tomates necesitaban mucha agua —dijo mi papá.

Yo no estaba tan seguro.

Así que agarré un girasol.
¡Se volvió grande como una sombrilla!
Al poco rato volé por encima del huerto.

Desde allí, tomé una rosa. Se hizo grande
como una pizza. Una abeja se daba un festín de
rosas. ¡Se volvió grande como un colibrí!

Mi mamá estaba sorprendida. Dijo:

—Isador, no hay que decirle a nadie nada de esto.

—Sí, la gente no lo entendería —dijo mi papá.

—Pero yo quiero enseñarles a todos lo que puedo hacer —dije yo.

—Bueno, —dijo mi papá— ¿por qué no
haces crecer una calabaza para la feria del
condado? Así les puedes enseñar lo que haces,
sin decir cómo lo haces.

Era una buena idea. Pero no fue fácil. Todas las
calabazas que tocaba se volvían demasiado grandes
para cargarlas.

Necesitaba practicar. Empecé con una zanahoria. La tomé de la punta. La zanahoria estalló entre mis dedos. Luego, atravesó la pared de la cocina con un estampido.

Después, probé con una cebolla. No creció tanto como la zanahoria. Pero el olor era tan fuerte que nos hizo llorar.

Más tarde, hice crecer tantas coles de Bruselas que
las tuvimos que comer durante una semana. ¡Aajj!

Por fin, aprendí a controlar mi pulgar. Le daba un pellizquito a una pequeña manzana verde y ¡bingo! Aparecía una gran manzana roja en mi mano.

Ya estaba listo para las calabazas. Las hice crecer
mucho, pero no demasiado.

Recogí la mejor calabaza y la llevé a la feria.

Los jueces dijeron que nunca habían visto una calabaza tan grande. Me dijeron que algún día yo sería un gran agricultor. ¡No sabían que ese día ya había llegado!